# LENI
# RIEFENSTAHL

# WUNDER
# UNTER
# WASSER

# LENI RIEFENSTAHL

# WUNDER UNTER WASSER

HERBIG

# MEIN DANK

Ohne meinen Mitarbeiter Horst Kettner wäre dieser Bildband wohl nie entstanden. Vor 17 Jahren haben wir gemeinsam unsere Tauchprüfung gemacht. Seitdem haben wir weit mehr als tausend Tauchgänge unternommen, wobei mir Horst ein unentbehrlicher Helfer wurde. Nicht nur, daß er sich unter Wasser besser orientieren kann, er achtet vor allem immer wieder darauf, daß ich nicht zu tief tauche, was mich ganz besonders reizt, und daß ich nicht in die Dekozeit komme und lange genug tariere, denn für meine Altersstufe gibt es keine Zeittabellen. Zudem ist Horst ein ungewöhnlich begabter Techniker, der meine Kameras, Unterwassergehäuse, Lampen und Blitzgeräte so sorgfältig und gut betreut, daß ich nie Probleme mit meiner Foto- und Tauchausrüstung habe. Nicht unerwähnt bleiben soll an dieser Stelle, daß er darüber hinaus auch ein überaus talentierter Fotograf und Kammeramann ist

Auch bei der Arbeit am Layout war er mir ein idealer Mitarbeiter. Während er das notwendige Material anfertigte, zum Beispiel die Repro-Negative und die Papierabzüge in den verschiedenen Größen, konnte ich mich intensiv mit der künstlerischen Gestaltung des Bildbandes beschäftigen. Diese sehr produktive Zusammenarbeit war einfach wunderbar.

Tauchen macht süchtig. Wer einmal damit begonnen hat, ist dem Zauber der Unterwasserwelt verfallen. Nirgendwo fühlt man sich den Mysterien des Lebens so nahe wie im Meer, aus dem alles Leben kam. Vor allem aber ist es das Erlebnis des Schwebens, die Schwerelosigkeit und das Versinken in eine fremde geheimnisvolle Welt, das im Taucher ein ungeahntes Glücksgefühl erzeugt. Auch ist es die große Stille, die ihn umgibt, ihn völlig von der Außenwelt abschirmt und loslöst von allen Problemen und Sorgen.

Wenn ich abtauche, erlebe ich immer wieder eine Welt voller Wunder. Die Vielfalt der Formen und Farben der Lebewesen unter Wasser ist so phantastisch, daß sie mir wie Visionen einer Traumwelt erscheinen.

Dies in Bildern festzuhalten, ist oft enttäuschend, da Fotos nicht annähernd den Eindruck vermitteln können, den man beim Anblick dieser unglaublichen Farbsinfonien erlebt, wie sie in Grotten und Wänden tropischer Korallenriffe im Licht von Lampen erstrahlen.

Aber die Bilder lassen den Nichttaucher ahnen, welche Fülle von Köstlichkeiten sich unter dem Meeresspiegel verbirgt, und warum es mich trotz meines Alters immer wieder in die Tiefe zieht. Es gibt noch so viel für die Kamera zu entdecken.

Auch möchte ich durch meine Bilder ein wenig dazu beitragen, daß diese so wunderbare Unterwasserwelt vor den immer stärker werdenden Zerstörungen durch unsere Zivilisation geschützt wird. Darum geht meine Bitte an alle, denen die Natur am Herzen liegt, sich an der Rettung unserer letzten Paradiese zu beteiligen. Verhindern wir die Verschmutzung des Wassers, laden wir nicht jeden Müll in die Meere und lassen wir es auch nicht zu, daß es Tauchern erlaubt ist, an Korallenriffen zu harpunieren.

Im Mai 1990

*Leni Riefenstahl*

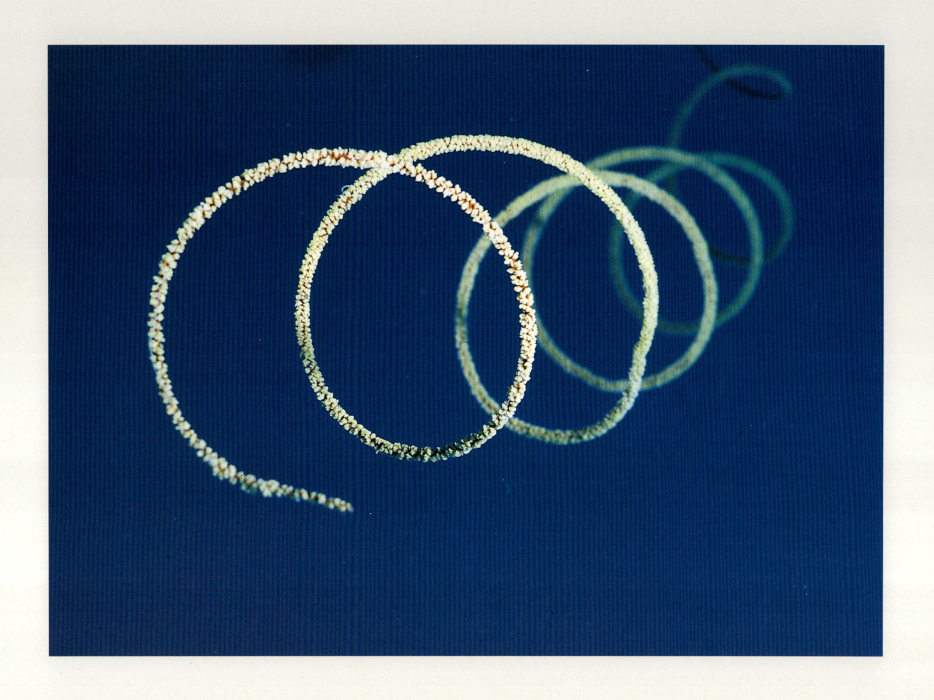

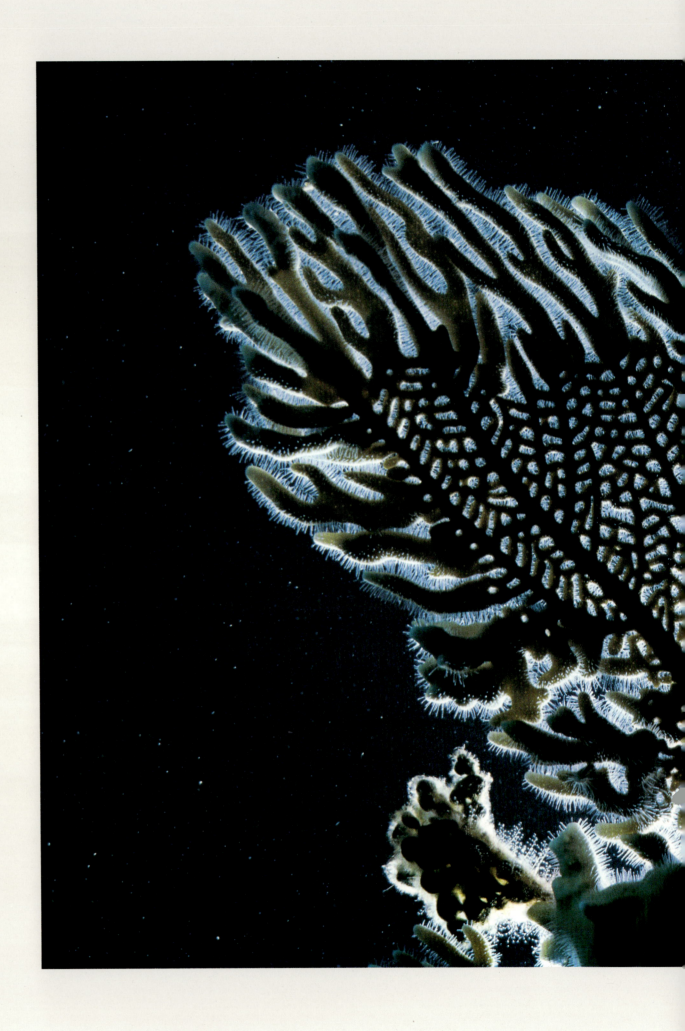

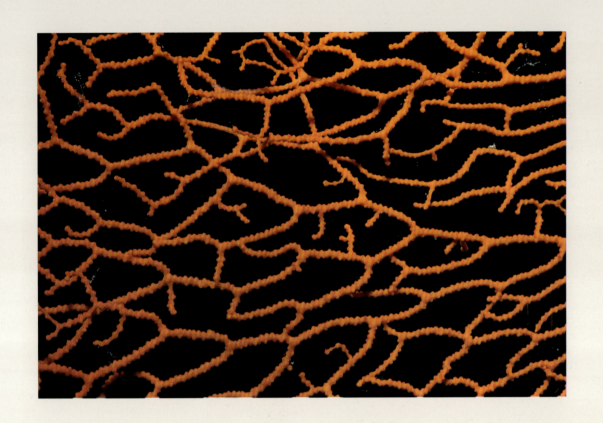

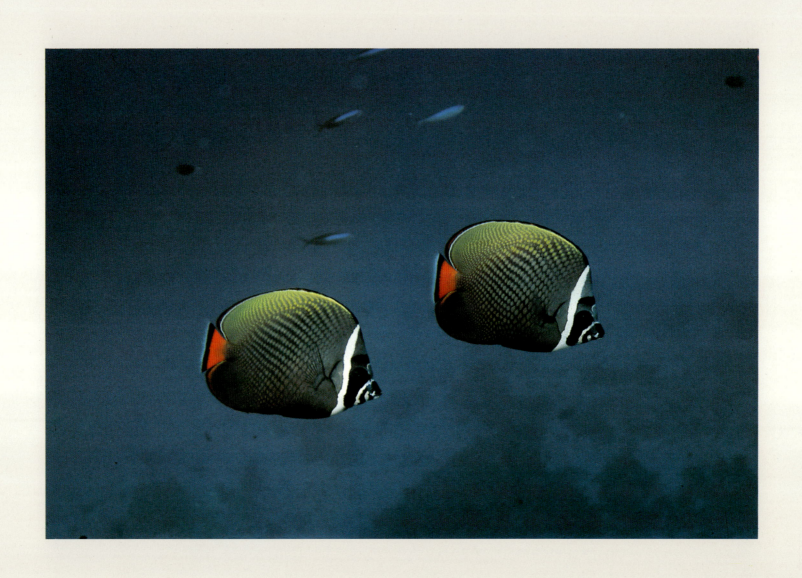

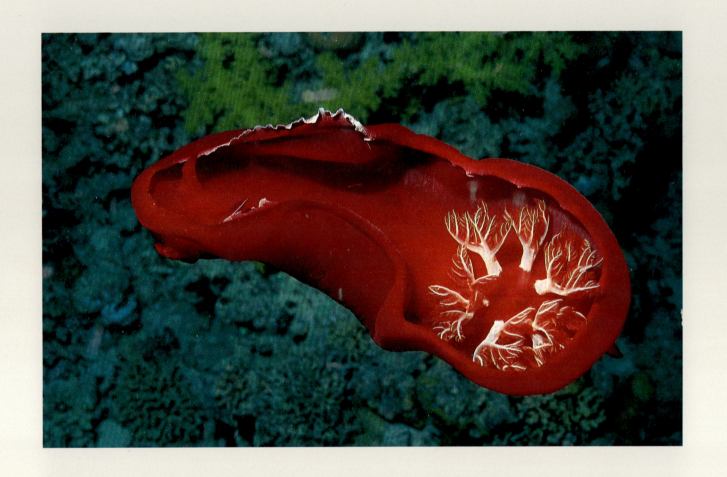

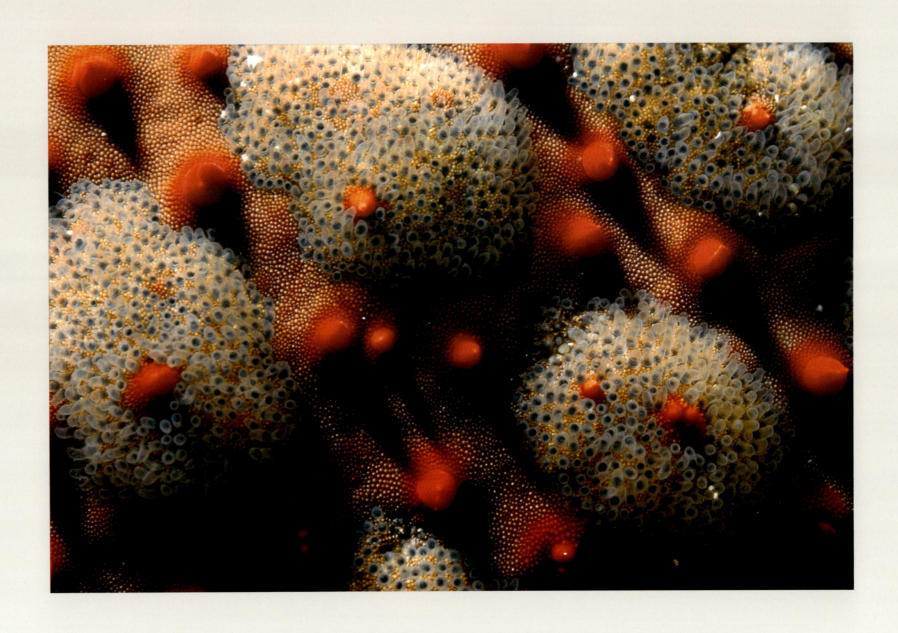

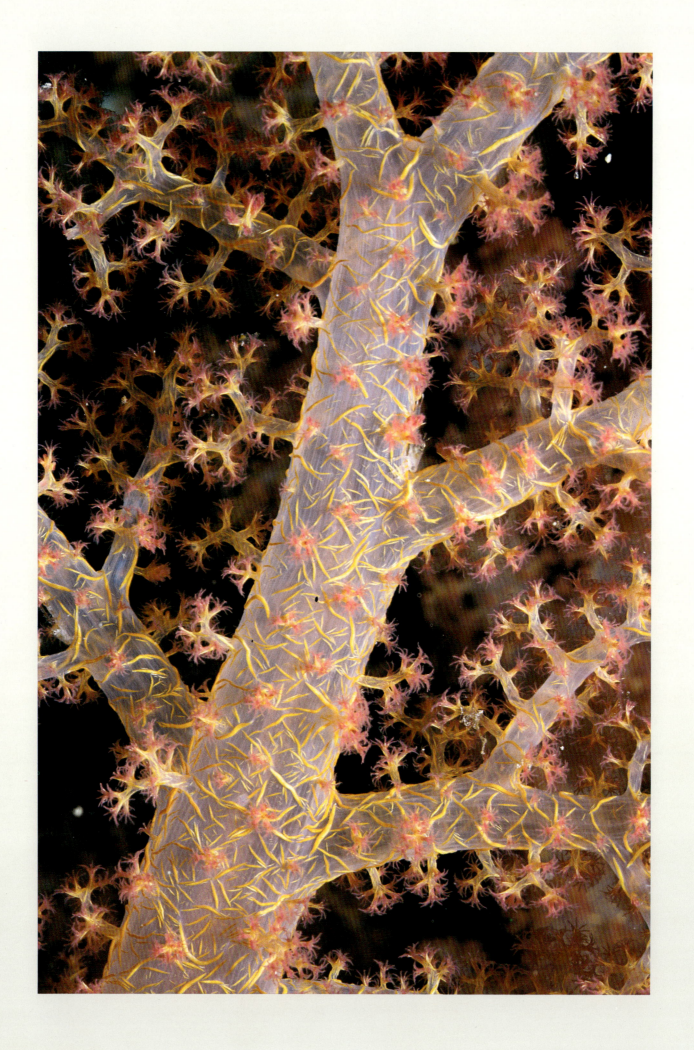

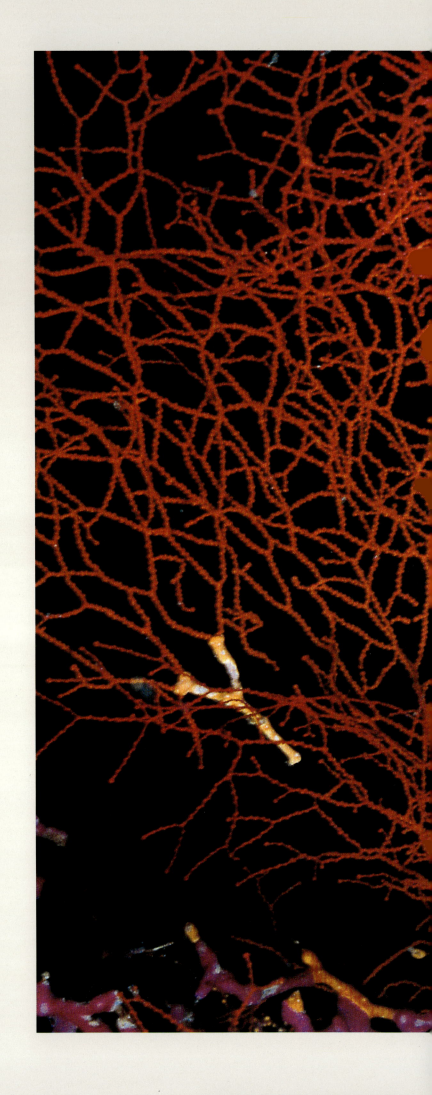

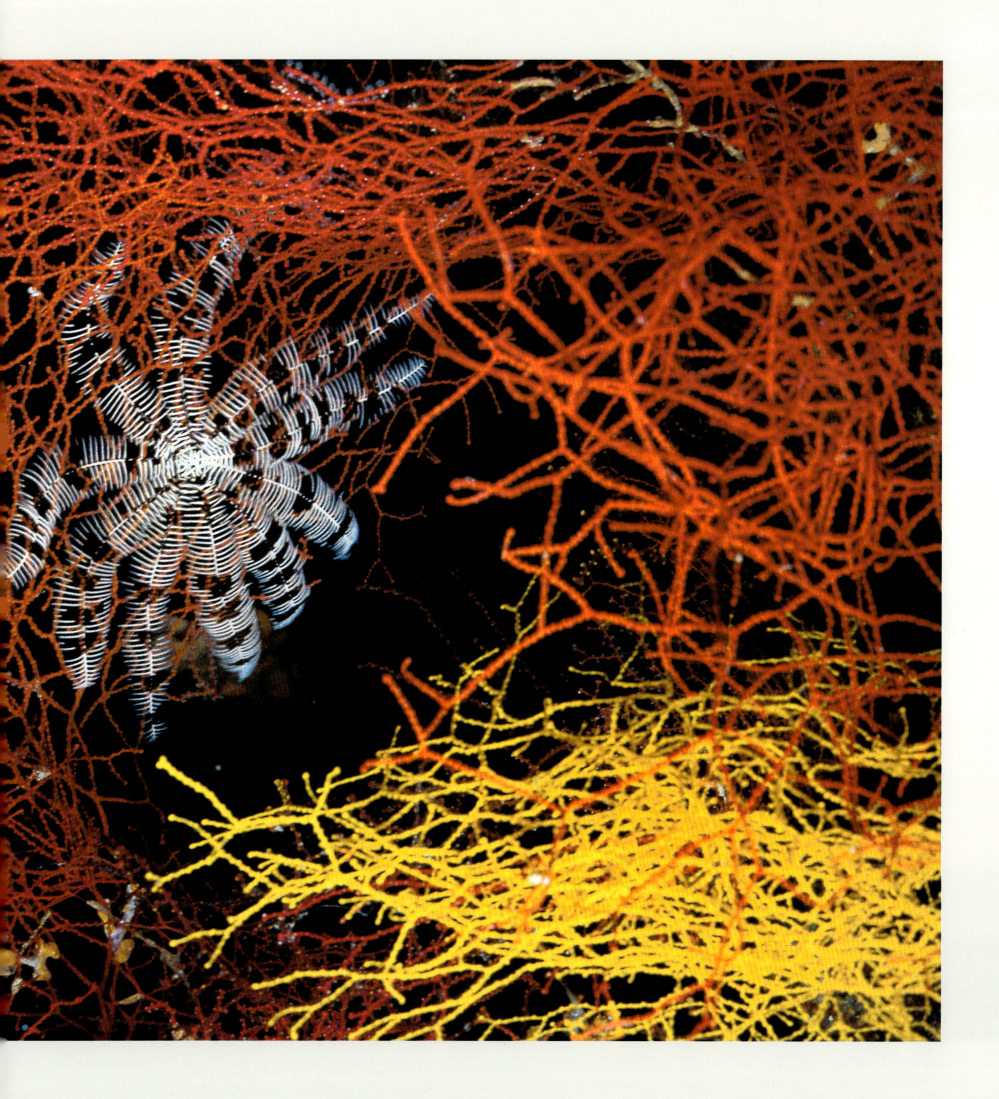

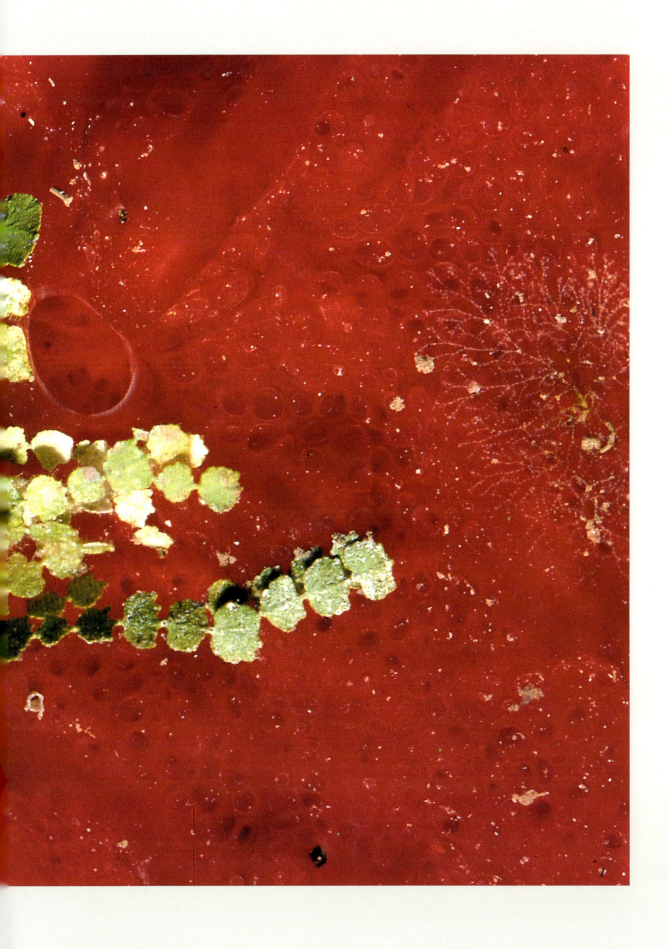

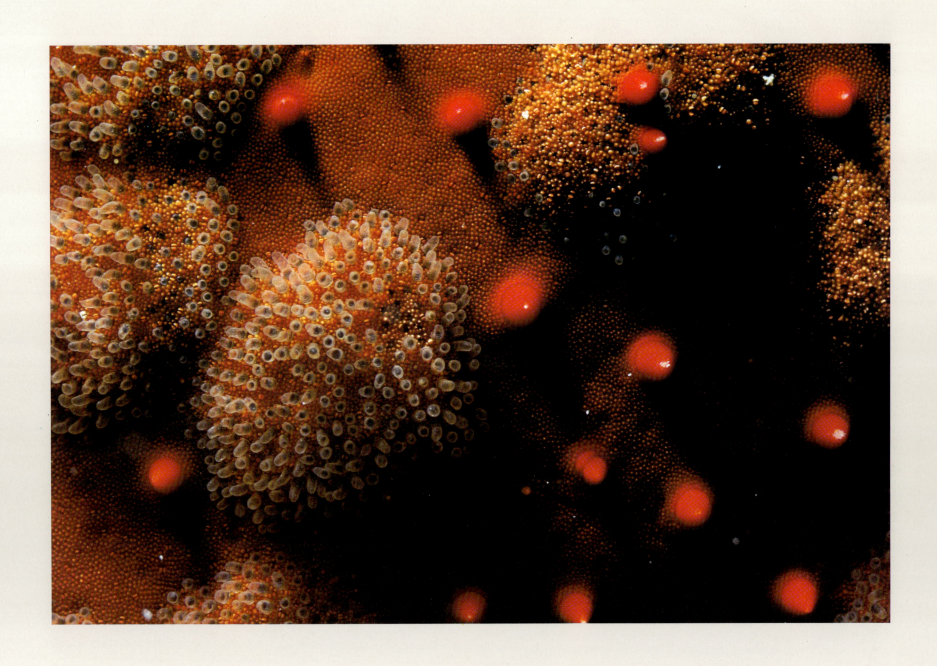

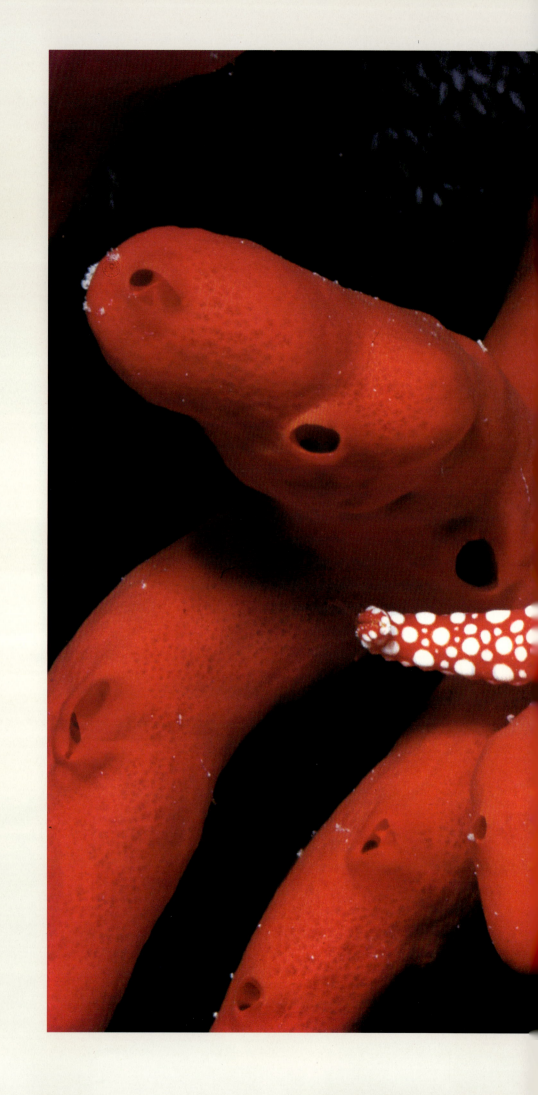

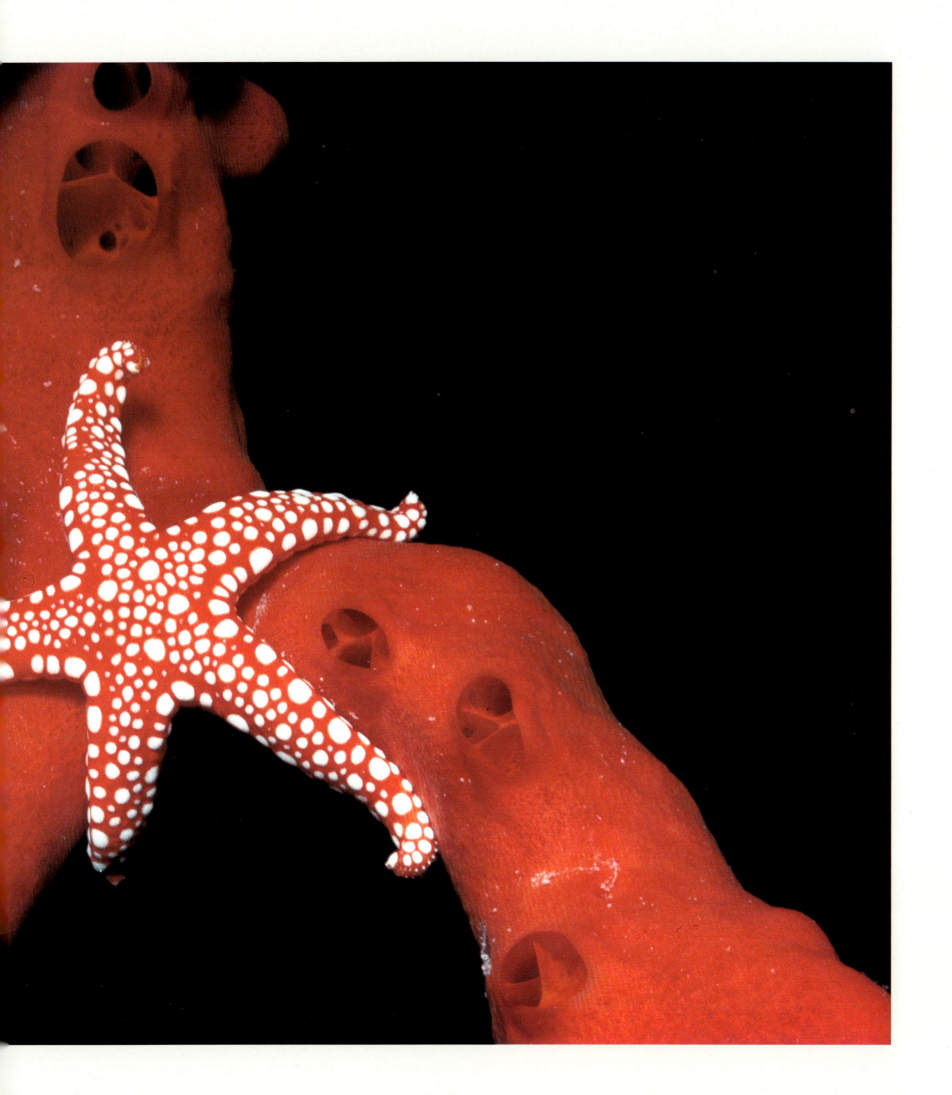

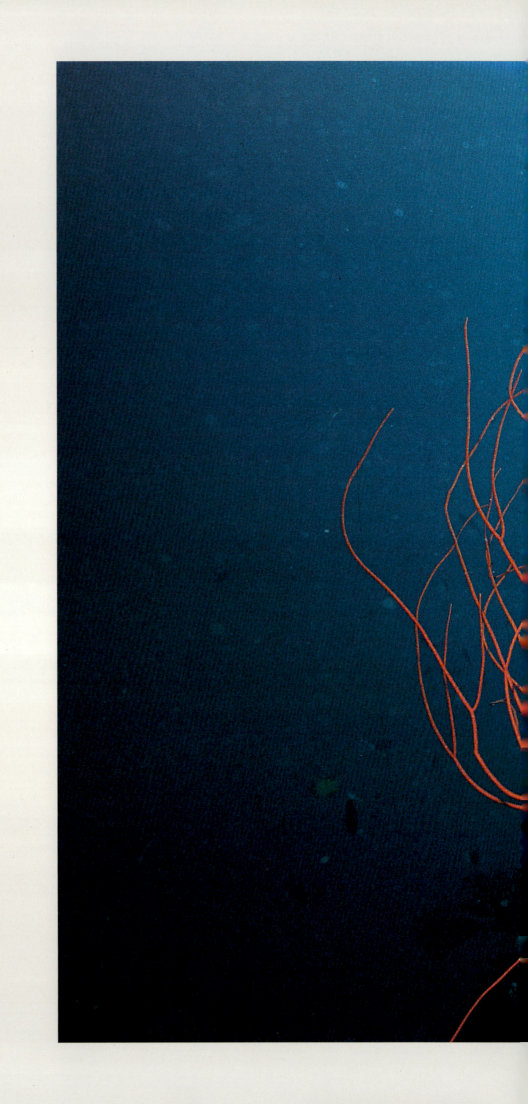

# BILDTEXTE

Die Namen der Korallen bestimmte der Biologe
Dr. Georg Scheer, Darmstadt, Spezialist auf dem Gebiet
der Korallenforschung

# INFORMATIONEN ZUR FOTOTECHNIK

Meine ersten Aufnahmen unter Wasser haben mich sehr enttäuscht. Ich mußte feststellen, daß es sehr viel schwieriger ist, unter als über Wasser zu fotografieren. Nicht nur, daß man keinen festen Halt unter den Füßen hat, es gibt noch andere Ursachen, die das Fotografieren erschweren. So zum Beispiel verschwinden ab zehn Meter Tiefe – bis auf Blau und Gelb – die meisten Farben. Selbst leuchtendes Rot oder Orange ist nicht mehr erkennbar, es wird dunkel, fast schwarz. Nur durch Lampen, deren Schein aber meist nur kleine Flächen beleuchtet, werden die Farben sichtbar. Außerdem gehört viel Erfahrung dazu, gute Motive an den Korallenriffen zu finden und sie dann so zu fotografieren, daß sie eine Wirkung ausüben.

Es gibt Fische und „niedere Tiere", wie Wissenschaftler viele Arten von Lebewesen unter Wasser nennen, die so getarnt sind, daß selbst erfahrene Taucher sie oft nicht sehen können. Dazu zählen vor allem kleine Nachtschnecken, Muscheln und die winzigen Garnelen. Aber auch große Fische können sich unglaublich gut tarnen, zum Beispiel Rochen, die sich so in den Sand eingraben, daß nur die Augen herausschauen, oder Tinten- und Skorpionfische, die Meister der Tarnung sind. Blitzschnell können sie die Farben ihrer Umgebung annehmen. Erst nach vielen Tauchgängen waren meine Augen so geschult, daß ich sie erkennen konnte.

Zu meinen Lieblingsmotiven gehören Muscheln, Schwämme, blühende Korallen und vor allem Haarsterne, deren Formen und Farben mich immer wieder verzaubern.

Die in diesem Bildband gezeigten Aufnahmen wurden vorwiegend mit Nikon-Spiegelreflexkameras gemacht. Es handelt sich um die Modelle F2 S und F3. Beide sind mit Motoren und großen Sportsuchern versehen. Nur durch diesen Sucher ist es möglich, trotz des Unterwassergehäuses und der Tauchbrille das ganze Motiv zu sehen, ohne Kaschierung der Ränder. So

ist es leichter, gute Bildkompositionen zu machen – Voraussetzung für künstlerisches Arbeiten.

Für die Aufnahmen benutzte ich die NIKKOR-Objektive 15, 24 und 35 mm sowie die Makroobjektive 55 und 105 mm. Zeitweise habe ich auch zu der 55 mm Makrooptik den Teleconverter TC-201 verwendet, der eine doppelte Vergrößerung erlaubt.

Für die Nikon F2 S besitze ich ein Unterwassergehäuse der amerikanischen Firma OCEANIC-PRODUCTS, für die Nikon F3 ein Spezialgehäuse der Firma TUSSEY, das die Kamera wie einen Handschuh umschließt. Diese aus einer Aluminium-Speziallegierung hergestellten U.W.-Gehäuse sind mit den korrigierten Ports sowie dem gesamten Zubehör optimal.

Als Unterwasserblitzgerät verwendete ich die Modelle O.S.-2003 und O.S.-3003 der Firma OCEANIC PRODUCTS und dazu ein Blitzgerät der deutschen Firma SUBTRONIC. Man sollte immer ein Ersatzblitzgerät mitführen, da auch die besten durch Wasserschäden unbrauchbar werden können. Besonders auf Inseln und an abgelegenen Tauchplätzen ist eine Reparatur meist unmöglich.

Empfehlenswert scheint es mir, die Blitzgeräte auf langen, flexiblen Armen zu befestigen, die man auch leicht abnehmen kann. Nur so ist es möglich, den negativen Schnee-Effekt, der durch die im Wasser befindlichen Schwebeteile verursacht wird, zu vermeiden oder zumindest zu reduzieren. Auch lassen sich die Motive differenzierter beleuchten, wenn man den Blitz mit der Hand abnehmen kann.

Um besondere Lichteffekte zu erzielen, benutze ich zeitweise zusätzlich einen kabellosen Sklavenblitz. Zum Vermeiden eines zu starken Blaustichs verwende ich oftmals auf Objektiven und Blitzgeräten leichte Korrekturfilter. Das Material für meine Aufnahmen ist meist Kodak-Ektachrome Film FPR-135.

168 Abbildungen

© 1990 by F.A. Herbig Verlagsbuchhandlung GmbH, München
Alle Rechte vorbehalten
Layout: Leni Riefenstahl
Schutzumschlag: Wolfgang Heinzel
Gesetzt aus Futura light und extrafett
Gesamtherstellung: gorenjski tisk, kranj, yugoslavia
Printed in Yugoslavia 1990
ISBN 3-7766-1651-2